出口《でぐち》 汪《ひろし》の日本語論理トレーニング

習熟編

論理エンジンJr.《ジュニア》

1年

出口 汪＝著

小学館

ただ本書一冊で習熟するには、やはり量的に完全とは言えません。

そこで、普段の生活においても、ぜひ日本語の規則を意識した会話を家庭でしてほしいのです。

私たちは朝から夜寝るまで日本語を使い続けるのですから、その使い方がいいかげんなままでは、いくら問題をこなしたところで、やはりどうにもならないのです。

習熟するには、絶えずそうした言葉の使い方をし続けることが必要です。

まずは本書を使い、ご家庭で正しい日本語の使い方のトレーニングを始めていただけると幸いです。そして「習熟」するには、私の小学館刊「新日本語トレーニング１～6」を併用されることをお勧めします。こちらは言葉の規則を意識させると同時に、感性を磨き、文学の面白さを発見するトレーニングになっています。

その上で、最後の「応用編」では、テストで点を取る実践的なトレーニングを積んでいきます。


（本書では保護者向けの解説で、簡単な文法用語を使いますが、子どもに文法用語を無理に覚えさせる必要はありません。）

出口　汪

▶保護者の方へ◀

「基礎編」に続いて、この「習熟編」を送ります。

「日本語論理トレーニング」は、「論理」を言葉の一定の規則にしたがった使い方だという考えに基づいて、子どもたちに言語トレーニングを積ませるのが目的です。

「頭の良し悪し」には先天的な要素がありますが、言語の習得はあくまで後天的であり、それゆえ、脳細胞の若いときから体系的な言語トレーニングを積ませることにより、だれもが論理力を獲得できるのです。

その論理力はすべての科目の土台となるばかりではなく、知的生活を送るために必要不可欠なものであり、生涯にわたっての生きるための武器となるものです。

では、どのような方針の下にトレーニングをしていけばよいのでしょう。

論理が日本語の規則に基づく言葉の使い方である限り、まず日本語の規則を一つ一つ丁寧に意識していかなければなりません。

なまじ日本語であるだけに、普段からなんとなく使っているので、その規則を意識することなどあまりありません。そこで、日本語の規則を理解することから始める必要があったのです。

それが本書の「基礎編」でした。

その段階で、子どもたちの言葉の使い方が徐々に変わり、それに従って頭の使い方も変化していけばしめたものです。

ただし言葉の使い方は単に理解するだけでは、ほとんど実際の効果は見られません。私たちは日常無意識に言葉を使っているわけであり、その使い方が簡単に変わることがないのは当然のことです。

そこで、次に「習熟」しなければならないのです。

高学年になればなるほど、すでに「なんとなく」といったいいかげんな言葉の使い方に慣れてしまっているので、これを変えることは並大抵のことではありません。逆に、低学年からトレーニングを始めれば、かえってスムーズにいくものです。

この「習熟編」は、さらに日本語の規則を丁寧に理解しながら、やがては規則を意識しなくても、自然と論理的な言葉の使い方ができるように、習熟のためのトレーニングをしていきます。

ステップ 1

かたちの かわる ことば（1）

できる、できない

学しゅうした日
月　日

1 「〜ない」という ひていの 文《ぶん》は どちらかな？
□に ○を かきましょう。

さかあがりが できる。 □

さかあがりが できない。 □

2 「～ない」という　ひていの　文《ぶん》に　なるように、左《ひだり》の
□から　ことばを　えらんで　□に　かきましょう。

① かん字《じ》が　□。

② えがおに　□。

かける　かけない　なる　ならない

ステップ 1

⇓かたちの かわる ことば（2）

まえの こと、これからの こと

学しゅうした日

月　日

1 ★と ●を せんで つなげて、
まえに あった ことを いう 文《ぶん》に しましょう。

あさ、7じに ★

● おきた。

● おきるだろう。

● おきている。

2 えに あうように、ことばを [ ] から えらんで
文《ぶん》を かんせいさせましょう。

① 雨《あめ》が [ ] 。

② ママが むかえに [ ] 。

ふった　ふりそうだ　くるそうだ　きた

ステップ 1

かたちの かわる ことば（3）

えに あう ことばは どれ？（1）

学しゅうした日 月 日

正《ただ》しい はなしかたに なるように、□に ┆┆の ことばを 入《い》れましょう。

①

ドレスが □。

およめさんに □。

┆ きたい なるのかな ┆

②

サッカーが □ 。

しゅくだいは おわった □ 。

しゅくだいが おわるまで いく □ 。

したい　かしら　な

ステップ 1

⇓かたちの　かわる　ことば（4）

えに　あう　ことばは　どれ？（2）

学しゅうした日　月　日

えを　見《み》て　こたえましょう。

えを せつめいして いる 文《ぶん》は どれかな？
□に すう字《じ》を かきましょう。

□ ランドセルが ない。

□ ランドセルを しらないか？

□ きょうしつを さがした。

□ ランドセルを わすれるな。

ステップ 1

⇓かたちの　かわる　ことば（5）

手《て》がみを　かこう

カズマくんが　先生《せんせい》へ　手《て》がみを　かきます。
右《みぎ》の　手《て》がみは　下《した》がきです。

ぼくは　きのう　ゆうえんちへ　いったよ。
ジェットコースターに　のったんだ。
でも、こわくて　もう　のりたく　ないな。
先生《せんせい》は　のったこと　ある？

学しゅうした日
月　日

左《ひだり》の　文《ぶん》を　ていねいな　いいかたに　なおしましょう。
　から　ことばを　えらんで　　に　かきましょう。

ぼくは　きのう　ゆうえんちへ
　　。
ジェットコースターに
　　。
でも、こわくて　もう　のりたいと
　　。
先生《せんせい》は　のったこと
　　？

おもいません　のりました　いきました　ありますか

ステップ 2

⇓ことばと　ことばを　つなぐ（1）

「は、わ」「を、お」「へ、え」

学しゅうした日

月　日

せりふの　あいている　ところに [　] から
文字《もじ》を　えらんで　かきましょう。

こんにち□。
われ□れは
かいぞくだ～。

は　わ

やぶれている ところに、［　　］から 文字《もじ》を えらんで 入《い》れましょう。
おなじ 文字《もじ》を なんかい つかっても いいです。

おたから○ ×の ところに あるぞ。
そのまま ひがし○ むか○。
ふね○○りて ジャングル○ 入《はい》れ。
めじるし○ ○んとつだ。
たからの まもりがみ○ おそれるな。

は　わ　を　お　へ　え

ステップ 2

〜は、〜が

ことばと　ことばを　つなぐ（2）

学しゅうした日　月　日

1 まちがっている　文《ぶん》は　どれかな？
□に　×を　かきましょう。

リサは　わらった。□

リサの　わらった。□

リサに　わらった。□

2 まちがっている 文《ぶん》は どれかな？
□に ×を かきましょう。

カズマが ないた。 □

カズマを ないた。 □

カズマへ ないた。 □

ステップ 2

~を

ことばと ことばを つなぐ (3)

学しゅうした日 月 日

1 文《ぶん》に あてはまる 文字《もじ》を [ ] から えらんで かきましょう。

① 本《ほん》[ ] よんだ。

② ジュース[ ] のんだ。

が を と に

2 カズマくんと　リサちゃんは　なにを　して　いますか？

から　えらんで　かきましょう。

① カズマは　　出《で》た。

② どうろの　　あるいた。

学校《がっこう》を　学校《がっこう》の　右《みぎ》がわは　右《みぎ》がわを

答えは「別冊」の９ページに！

ステップ 2

ことばと ことばを つなぐ（4）

～の、～で、～に

学しゅうした日
月　日

□には おなじ 文字《もじ》が 入《はい》ります。上《うえ》から えらんで、かきましょう。

①

の　で　へ

アズキ□かお。

アズキ□しっぽ。

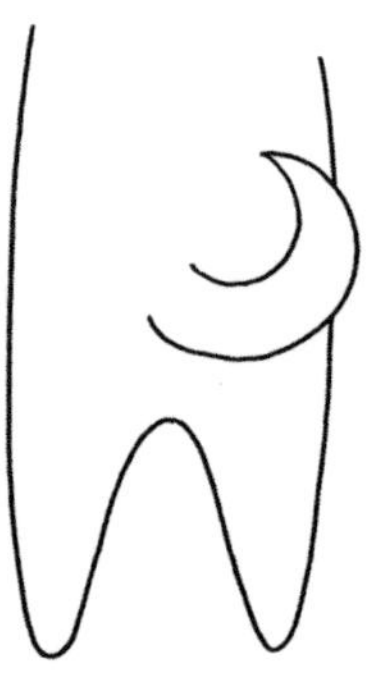

②

へ
で
の

せっけん □ あらう。

タオル □ ふく。

③

と
に
で

パジャマ □ きがえる。

ベッド □ 入《はい》る。

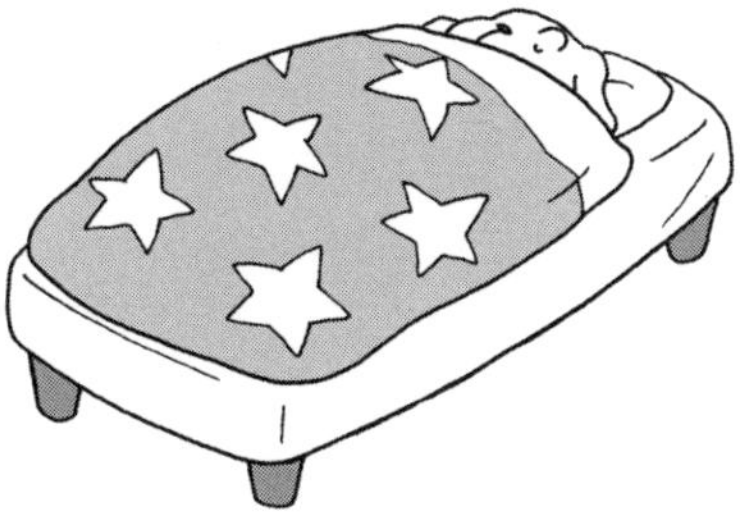

ステップ 2

ことばと ことばを つなぐ (5)

~ので、~のに

学しゅうした日

月 日

1 2つの 文《ぶん》が 正《ただ》しく つながるように、[ ]から えらんで [ ]に ことばを 入《い》れましょう。

いっしょうけんめいに はしった [ ] 一《いち》ばんに なったよ。

が ので のに

2 えに　あう　文《ぶん》の　□に　○を　かきましょう。

□
みんなで
力《ちから》を　あわせたので
まけちゃった。

□
みんなで
力《ちから》を　あわせたのに
まけちゃった。

〈〈〈 答えは「別冊」の 11 ページに！

ステップ 3

ことばの　つながり（1）

どんな　ようす？

学しゅうした日　　月　　日

えを　せつめいしている　ことばは　どれかな？
左《ひだり》の［　］から　えらんで　かきましょう。

①［　　　　］くつ。

ふるい　　あたらしい

②
□
しっぽ。

③
かしこい
□
。

みじかい
ながい
カズマ
犬《いぬ》

答えは「別冊」の12ページに！

ステップ 3

ことばの つながり (2)

つながる ことばは どれ?

学しゅうした日
月 日

上《うえ》の ことばに あうのは、下《した》の どの ことばかな。
○で かこみましょう。

①

②

ステップ 3

ことばの つながり（3）

文《ぶん》を つくろう（1）

学しゅうした日
月 日

上《うえ》の 2つの ことばを つかって
下《した》の 文《ぶん》を かんせいさせましょう。

①

みつけた

ぼく

□ は □ 。

② おやつ　ある

が

。

③ アズキ　たべた

が

。

ステップ 3

ことばの つながり（4）

文《ぶん》を つくろう（2）

学しゅうした日

月　日

ある日《ひ》の えにっきです。

右《みぎ》の　えに　あわせて、□から　ことばを　えらんで
□に　入《い》れて、にっきを　かんせいさせましょう。

① ぼくは　じてん車《しゃ》に　□。

② □は　花《はな》を　□。

③ □は　□を　□。

おべんとう　リサ　ぼく　アズキ
たべている　うえている　のっている

ステップ 3

ことばの つながり（5）

文《ぶん》を つくろう（3）

学しゅうした日　　月　　日

［　］の ことばを（　）に かいて、文《ぶん》を かんせいさせましょう。

1 （　　　）は、くらくなると

（　　　）（　　　　　　　）。

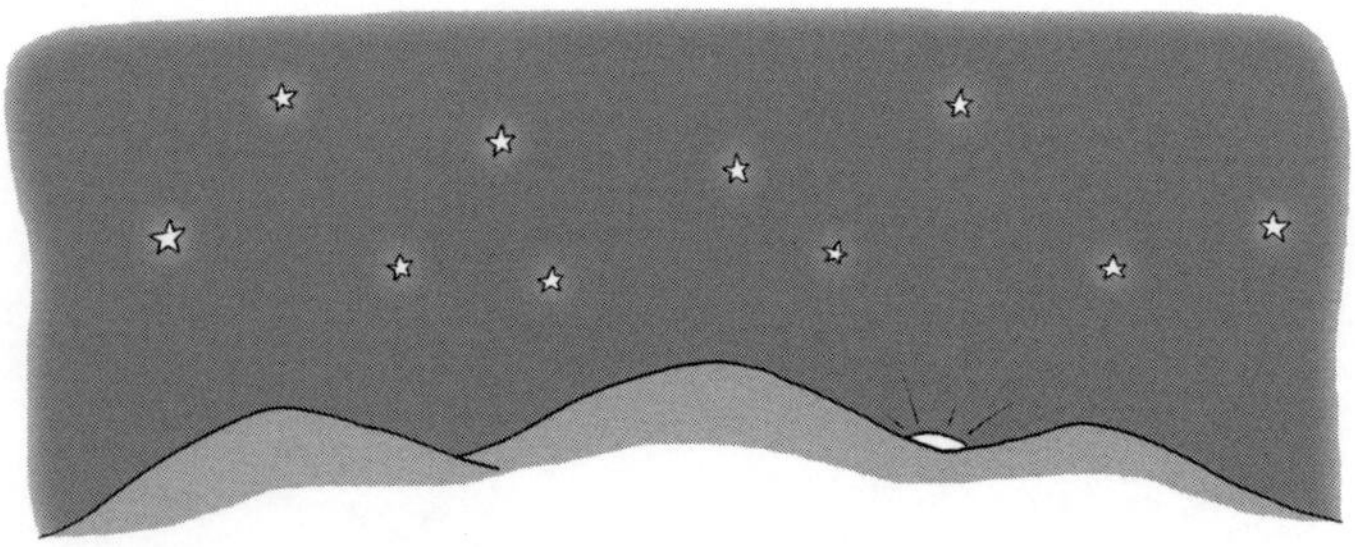

［あらわれます　どんどん　ほし］

2

（　　　）は

（　　　）を　見《み》るのが

（　　　）（　　　）。

とても　ほし　ぼくたち　すきです

ステップ 4

なにが？

文《ぶん》の　なりたち（1）

つぎの　えを　見《み》て、左《ひだり》の　ページの　もんだいに　こたえましょう。

学しゅうした日
月　日

ぬけている　ところに　ことばを　かいて
文《ぶん》を　かんせいさせましょう。
ぬけている　ことばは　下《した》の　［　　］から　えらびましょう。

せんしゅう　うけた
（　　　　　　）かえってきた。
（　　　　　　）よかった。
（　　　　　　）よろこんだ。

おかあさんが
テストが
てんすうが

ステップ 4

文《ぶん》の なりたち（2）

どうした？

つぎの えを 見《み》て、左《ひだり》の ページの もんだいに こたえましょう。

学しゅうした日

月　日

ぬけている　ところに　ことばを　かいて
文《ぶん》を　かんせいさせましょう。
ぬけている　ことばは　下《した》の　［　］から　えらびましょう。

サッカーの　しあい中《ちゅう》、
ボールが（　　　　）。
シュートが（　　　　）。
みんなが（　　　　）。

きまった
よろこんだ
とんできた

ステップ
4

どこで だれが どうした？

⇓文《ぶん》の なりたち（3）

学しゅうした日
月 日

つぎの 文《ぶん》を よんで こたえましょう。

1 バスが きて、おばあちゃんが おりた。

①きたのは なに？

②おばあちゃんが どうした？

2 タクシーが　しんごうの　まえで
とまった。
おとうさんが　おりてきた。

① とまったのは　どこ？

② おりてきたのは　だれ？

ステップ
4

どんな？

文《ぶん》の　なりたち（4）

カズマくんが　かいた　えを　せつめいしましょう。

ふじ山《さん》は　たかい　山《やま》です。

ぼくらは　ゆっくり　のぼりました。

ちょうじょうは

すばらしい　けしきでした。

学しゅうした日
月　日

①ふじ山《さん》は　どんな　山《やま》ですか？

[　　　]山《やま》。

②どんなふうに　のぼったのですか？

[　　　]のぼった。

③どのような　けしきでしたか？

[　　　]けしき。

ステップ

4

文《ぶん》の　なりたち（５）

プールに　いったよ

学しゅうした日
月　日

きのう　リサと　プールへ
いきました。
ぼくらは　クロールを
おしえてもらいました。

文《ぶん》に　あうように、つぎの　3つの　しつもんに　こたえましょう。

①リサと　どこへ　いきましたか？

②いつ　いきましたか？

③おしえてもらったのは　なんですか？

〈〈〈 答えは「別冊」の 21 ページに！

ステップ

5

⇓文《ぶん》を つくろう（1）

ことばを ならべかえて 文《ぶん》を つくろう

学しゅうした日

月　日

1 えに あう 文《ぶん》に なるように □に ばんごうを かきましょう。

□ パンケーキです

□ きょうの

□ だいすきな

□ おやつは

2 えに　あう　文《ぶん》に　なるように
□に　ばんごうを　かきましょう。

□ あわてて

□ おきました

□ ねぼうした

□ カズマは

ステップ 5

文《ぶん》を　つくろう（2）

えを　せつめいする　文《ぶん》を　つくろう

学しゅうした日　月　日

左《ひだり》の　ページの　①から　③が　つぎの　えに　あう　文《ぶん》に　なるように、あてはまる　ことばを　[　]から　えらんで　かきましょう。

①カズマは［　　　］やってきました。

うみへ　やまへ　かわへ　レストランへ

②とおくに　大《おお》きな　ふねが［　　　］。

およいでいます　見《み》えます　きこえます

③すなはまを　あるいていると、２ひきの　かにが［　　　］とおりすぎました。

さささっと　ぽろっと　ひょいと　すとんと

〈〈〈 答えは「別冊」の23ページに！

ステップ 5

文《ぶん》を つくろう（3）

なにを するの？

学しゅうした日

月　日

1 えに あう ように ２つの ことばを かきましょう。

①

②

きょうは
□
で
□
をした。

2 えに　あう　ように　3つの　ことばを　かきましょう。

①

②

あしたは　□　と　□　に　□　よ。

ステップ 5

⇓文《ぶん》を つくろう (4)

かずを かこう

~むかしばなし「かさじぞう」~

学しゅうした日　　月　　日

つぎの おはなしを よんで、
あとの おはなしの □に あう すう字《じ》を かきましょう。

まちへ かさを うりに いった おじいさん。
しかし、6つの かさは ひとつも
うれませんでした。
いえに かえる とちゅう、ゆきを かぶった
おじぞうさんの まえを とおりすぎました。
おじいさんは かさを おじぞうさんに
かぶせてあげることに しました。

しかし、かさは　あわせて　□つ。
おじぞうさんは　あわせて　□つ。
かさの　ほうが　□つ　たりません。
そこで、おじいさんは
あたまに　かぶっていた
手《て》ぬぐいを　とって、
左《ひだり》から　□つめの
おじぞうさんに　つけてあげました。

ステップ
5

文《ぶん》を つくろう（5）

さんすうの しきを かこう ～むかしばなし「ももたろう」～

学しゅうした日

月　日

おはなしを よんで 左《ひだり》の ページの
□に あう すう字《じ》を かきましょう。

ももたろうが 10この
きびだんごを もって、
おにたいじに
出《で》かけました。

そこへ 犬《いぬ》が
やってきて、
ももたろうから
きびだんごを ２つ
もらいました。

さるが やってきて、
ももたろうから
きびだんごを ３つ
もらいました。

きじが やってきて、
ももたろうから
きびだんごを １つ
もらいました。

①犬《いぬ》に　きびだんごを　あげた　ももたろう。
きびだんごは　いくつ　のこっていますか？

しき　10 − □ ＝ □

こたえ □ こ

②さらに、さるに　きびだんごを　あげて、
きびだんごは　いくつに　なったでしょう？

しき　□ − □ ＝ □

こたえ □ こ

③ももたろうが　犬《いぬ》、さる、きじに　あげた
きびだんごは　あわせて　いくつですか？

しき　□ ＋ □ ＋ □ ＝ □

こたえ □ こ

〈〈〈 答えは「別冊」の 26 ページに！

ステップ 6

⇓文《ぶん》しょうを かこう（1）

どうぶつの せつめい

学しゅうした日　月　日

□に あう すう字《じ》を ［　］から えらんで かいて、えの せつめい文《ぶん》を かんせいさせましょう。

1

□□上《うえ》で じっと していて、

しっぽが □ どうぶつ。

□ おんぶして いる。

①見《み》えない　②木《き》の

③赤《あか》ちゃんを　④たかい

2

□にているけれど、
うまじゃ□。
からだに□□ある。
□いっしょに
こうどうするよ。

①しましまの　②うまに
③なかまと　④ない　⑤もようが

ステップ 6

おかあさんが　じてん車《しゃ》に　のる（1）

文《ぶん》しょうを　かこう（2）

学しゅうした日　月　日

①②③に　入《はい》る　文《ぶん》を　[ ]から　えらんで　□に
○を　つけましょう。

おかあさんは　じてん車《しゃ》に　のれません。だから、おとうさんと　ぼくで、
①

「さいしょは　おしてみたら。」と　おとうさんが　いうと、
おかあさんは　ペダルに　足《あし》を　のせて、
けんけんしながら　じてん車《しゃ》を　おしました。

①
□　じてん車《しゃ》に　のることに　しました。
□　おかあさんが　じてん車《しゃ》に　のるのを　手《て》つだうことに　しました。
□　おかあさんが　じてん車《しゃ》に　のろうと　しました。

つぎに、おとうさんが　「のってみたら？」と　いうので

②

おかあさんは　「こわい、こわい。」と　いいながらも、
じてん車《しゃ》に　またがりました。
おとうさんの　「カズマ、おもいっきり　おせ。」の
こえで、ぼくは、力《ちから》いっぱい　にだいを　おしました。
「おかあさん　もっと、もっと　こげ！」と
おとうさんが　いうと、

③

②

□ ぼくが、にだいに　のりました。
□ ぼくは、にだいを　おさえました。
□ おかあさんは、にだいを　おさえました。

③

□ じてん車《しゃ》が　うごきました。
□ じてん車《しゃ》が　とまりました。
□ おかあさんが　うごきました。

ステップ 6

おかあさんが　じてん車《しゃ》に　のる（2）

⇓文《ぶん》しょうを　かこう（3）

学しゅうした日
月　日

つぎの　文《ぶん》を　こえを　出《だ》して　よみましょう。

「おかあさんが　じてん車《しゃ》に　のれた。」
ぼくが　うれしくて　ジャンプを　したとき、
「バッターン！」　大《おお》きな　音《おと》がして
おかあさんと　じてん車《しゃ》が
たおれてしまいました。

つづきの　文《ぶん》の　じゅんばんに　なるように　えに
ばんごうを　かきましょう。あわない　えも　あるよ。

ぼくと　おとうさんは　たおれた
おかあさんに　かけよりました。
おかあさんは　いたそうな
かおを　していました。
しかし、「だいじょうぶ。」と
いって、わらいました。

ステップ 6

文《ぶん》しょうを　かこう（4）

おかあさんが　じてん車《しゃ》に　のる（3）

学しゅうした日
月　日

文《ぶん》を　よんで　つぎの　しつもんに　こたえましょう。

おかあさんは　じてん車《しゃ》に　のる　れんしゅうで
ひざを　すりむいてしまいました。
でも、おかあさんは　また　じてん車《しゃ》に　のって
れんしゅうを　はじめました。
その　すがたを　見《み》て、
おとうさんと　ぼくは　大《おお》ごえで　おうえんしました。

①じてん車《しゃ》の　れんしゅうを　しているのは　だれかな？

（　　　　　　　　）

②おかあさんは　どこを　すりむいたかな？

（　　　　　　　　）

③おかあさんは　じてん車《しゃ》の　れんしゅうを　あきらめましたか？

（　　　　　　　　）

④おとうさんと　カズマは　どうしたかな？

（　　　　　　　　）

⑤きみが　カズマだったら　おかあさんに　どんな　こえを　かけますか？

（　　　　　　　　）

ステップ
6
文《ぶん》しょうを　かこう（5）

お花見《はなみ》に　いったよ

カズマくん、リサちゃん、アズキは　なにを　していますか？
えを　見《み》ながら　あう　ことばに　◯を　つけましょう。

学しゅうした日
月　日

カズマと　リサと　アズキで、お花見《はなみ》［を／の］しました。

［大《おお》きな／たかい］おにぎりを　たべたのは　［カズマ／アズキ］でした。

［木《き》の下《した》で／木《き》の上《うえ》で］ネコと　おどったのは　リサでした。

そして、マイクを［のせて／もって］うたっていたのは

［カズマ／アズキ］でした。

みんなは、［ときどき／とても］

［たのしみにしています。／たのしそうでした。］

出口汪（でぐち・ひろし）

1955年、東京都生まれ。30年以上にわたって受験生の熱い支持を受ける大学受験現代文の元祖カリスマ講師。全国の学校・塾で採用され、目覚ましい効果を挙げている言語トレーニングプログラム「論理エンジン」の開発者として、その解説と普及に努めている。広島女学院大学客員教授。

論理エンジン公式サイト▶http://www.ronri.jp

▶STAFF◀

イラスト◎設樂みな子
表紙デザイン◎与儀勝美
構成協力◎いしびききょうこ（ニコワークス）
編集協力◎高橋沙紀／葛原武史・和西智哉（カラビナ）
小倉宏一（ブックマーク）
石川享（タップハウス）
フォーマット作成◎武井千鶴・カラビナ
本文DTP◎タップハウス
編集◎堀井寧（小学館）

出口汪の日本語論理トレーニング 小学一年 習熟編

2013年 3月26日 第1版第1刷発行
2025年 4月26日 第9刷発行

著　者●出口 汪
発行人●北川 吉隆
発行所●株式会社 小学館
〒101-8001 東京都千代田区一ツ橋2-3-1
電　話●編集 (03) 3230-5689
販売 (03) 5281-3555
印刷所●三晃印刷株式会社
製本所●株式会社難波製本

ISBN978-4-09-837727-5

出口《でぐち》 汪《ひろし》の
日本語論理
トレーニング 習熟編

論理エンジンJr.《ジュニア》 1年

答えと くわしい考え方

出口 汪＝著

小学館

論理エンジンJr.《ジュニア》 1年

答えと
くわしい考え方

—— 答えとくわしい考え方の使い方 ——

・ここには本文の解答と、それに対するくわしい考え方が記されています。
・上段には本文ページを縮小したものが、淡いグレーで表示されています。
　その中で、解答だけが濃い黒で表示されています。
・下段には上段のページのくわしい考え方が記されています。
・論理エンジンは正解率を競う教材ではありません。言葉のとらえ方、
　考え方をトレーニングするためのものですので、正解した場合でも下段を
　よく読んでください。
・不正解の場合も、自信を失う必要はありません。下段の考え方を参考に、
　納得できるまで練習してください。

小学館

▶４〜５ページの答え

1年 ステップ1 ⇒かたちの かわる ことば

ステップ1 ⇒かたちの かわる ことば（1）

できる、できない

学しゅうした日　月　日

1 「〜ない」という ひていの 文《ぶん》は どちらかな？ □に ○を かきましょう。

さかあがりが できる。 □

さかあがりが できない。 ○

2 「〜ない」という ひていの 文《ぶん》に なるように、左《ひだり》の □から ことばを えらんで □に かきましょう。

① かん字《じ》が **かけない**。

② えがおに **ならない**。

かける　かけない　なる　ならない

5　＜＜＜答えは「別冊」の２ページに！

4

くわしい考え方

単語には自立語と付属語とがあります。

自立語は単独でも意味が成り立つもの。それに対して、付属語は単独では意味が成り立たず、自立語にくっついて文節（意味上の最小限の単位）を作ります。

「私は勉強した。」

この場合、「は」「た」はそれ単独では何のことか分かりません。

日本語は必ず文節を作るのですが、その文節は、基本的には、

1．自立語

2．自立語＋付属語

のいずれかとなります。

文章は意味を表すものなので、意味上の最小限の単位である文節から見ていきましょう。

実は、付属語は「助動詞」と「助詞」しかありません。

助動詞は活用し、助詞は活用しません。

ここでは肯定文と否定文を学習しましょう。

「ない」の使い方を、子どもに意識させることが大切です。

■問題1

「さかあがりが　できない」の、「ない」がついたら打ち消し（否定文）です。

■問題2

「かん字ーかく」「えがおにーなる」という意味上のつながりを、まず考えさせてください。

次に、打ち消しの場合、「かけない」「ならない」と、上の言葉が変わる（活用）ことを教えてください。

▶6～7ページの答え

1年　ステップ1　かたちの　かわる　ことば

ステップ1　かたちの　かわる　ことば(2)

まえの　こと、これからの　こと

学しゅうした日　月　日

1 ★と　●を　せんで　つなげて、まえに　あった　ことを　いう　文《ぶん》に　しましょう。

あさ、7じに★

●おきた。

●おきるだろう。

●おきている。

2 えに　あうように、ことばを　[　]から　えらんで　文《ぶん》を　かんせいさせましょう。

① 雨《あめ》が　ふりそうだ　。

② ママが　むかえに　くるそうだ　。

ふった　ふりそうだ　くるそうだ　きた

6

7　答えは「別冊」の３ページに！

くわしい考え方

付属語で、活用するのが、助動詞でした。

そこで、助動詞がくっついたなら、上の言葉（用言）が変化することを、必ず意識させるようにしてください。

日本語の助動詞の使い方を小学一年生から丁寧に学習すると、将来英語や古文を学習するとき非常に役に立ちます。

たとえば、英語は中学三年間を主に文法の学習に当てますが、日本語ではその役割を助動詞・助詞がはたします。肯定か否定か、疑問形か、過去か未来か、など、すべて助動詞、助詞で決まるのです。

■問題1

過去の話のときは、助動詞「た」を使います。

「おきるだろう」は、これからのことを推測しています。

「おきている」は、今の状態を説明しています。

「おきた」との違いを考えさせてください。

■問題2

伝聞・様態の「そうだ」の学習です。

「そうだ」には、自分で判断するとき（様態）と、人から聞いたとき（伝聞）の意味があります。

選択肢の中から漠然と答えを選ぶのではなく、最初に選択肢を整理することを教えてください。こういった解き方は大学受験に至るまで、子どもを助けることになります。選択肢は二つのグループに分けることができます。

・「ふった」「ふりそうだ」→「雨が」とつながる言葉。

・「くるそうだ」「きた」→「むかえに」とつながる言葉。

「雨が」は、絵からまだ降っていないので、様態の「そうだ」を使います。

「むかえに」は、人から聞いた話なので、伝聞の「そうだ」を使います。

8～9ページの答え

1年 ステップ1 かたちの かわる ことば

ステップ 1

かたちの かわる ことば (3)

えに あう ことばは どれ？(1)

学しゅうした日 月 日

正《ただ》しい はなしかたに なるように、□に □の ことばを 入《い》れましょう。

①

ドレスが **きたい** 。

およめさんに **なるのかな** 。

きたい なるのかな

②

サッカーが **したい** 。

しゅくだいは おわった **かしら** 。

しゅくだいが おわるまで いく **な** 。

したい かしら な

9 答えは「別冊」の４ページに！ 8

くわしい考え方

様ざまな助動詞・助詞の練習です。
とくに肯定文か疑問文かを意識させてください。

①まず絵をじっくりと見ること。
リサとアズキのどちらが疑問文か？
さらに「ドレス－きる」「およめさんに－なる」という言葉のつながりを考えます。
アズキのセリフが疑問文で、「なるのかな」。
「か」「かな」がつくと、疑問文（人に何かを聞く）になることに注意。

②「したい」が希望。
「かしら」は疑問、「～か知らぬ」が「かしらん」「かしら」と変化しました。
「な」は禁止。
「サッカーをする」に対して、希望を述べるときは「サッカーがしたい」となります。
リサは聞いているので、「おわったかしら」と疑問文。
アズキは「いくな」と禁止しています。

▶10〜11ページの答え

1年 ステップ1 かたちの かわる ことば

ステップ 1 かたちの かわる ことば（4）

えに あう ことばは どれ？（2）

学しゅうした日 月 日

えを 見《み》て こたえましょう。

えを せつめいして いる 文《ぶん》は どれかな？
□に すう字《じ》を かきましょう。

1 ランドセルが ない。

2 ランドセルを しらないか？

3 きょうしつを さがした。

4 ランドセルを わすれるな。

10

11 答えは「別冊」の５ページに！

くわしい考え方

助動詞・助詞の応用問題です。
四コマのマンガを見て、全体のストーリーを考えさせましょう。

1 絵から、ランドセルがないことが分かります。
そこで、打ち消しを使うことを意識させてください。
もちろん、打ち消しは「ない」です。

2 次に、リサに聞いているので、疑問文です。
疑問文は「か」を使います。

3 ランドセルをさがしていますね。
「さがした」の「た」は、過去の助動詞です。

4「忘れるな」と、禁止の「な」を使っています。

ステップ 1

⇓かたちの かわる ことば (5)

手がみを かこう

カズマくんが 先生《せんせい》へ 手《て》がみを かきます。
右《みぎ》の 手《て》がみは 下《した》がきです。

ぼくは きのう ゆうえんちへ いったよ。
ジェットコースターに のったんだ。
でも、こわくて もう のりたく ないな。
先生《せんせい》は のったこと ある?

学しゅうした日 月 日

左《ひだり》の 文《ぶん》を ていねいな いいかたに なおしましょう。
[ ] から ことばを えらんで [ ] に かきましょう。

ぼくは きのう ゆうえんちへ いきました。
ジェットコースターに のりました。
でも、こわくて もう のりたいと おもいません。
先生《せんせい》は のったこと ありますか?

おもいません のりました いきました ありますか

くわしい考え方

日本語は敬語が発達しています。これは日本人が絶えず相手を尊重し、その相手と距離を置きながら、良好な関係を築こうと心を配っているからです。このような敬語が発達した言語はあまり例がありません。低学年のうちから、その基本を身につけていきましょう。

まずは丁寧な言葉遣いをトレーニングしましょう。

それには「ていねい」の助動詞「ます」を使います。

「いったよ」→「いきました」
「のったんだ」→「のりました」
「のりたく ないな」→「のりたいと おもいません」
「ある?」→「ありますか?」

このように「ます」を使うと丁寧な言葉遣いになるのですが、「ます」が形を変えている(活用)ことに注意してください。

助動詞は助詞とは違って、活用するのです。

▶14～15ページの答え

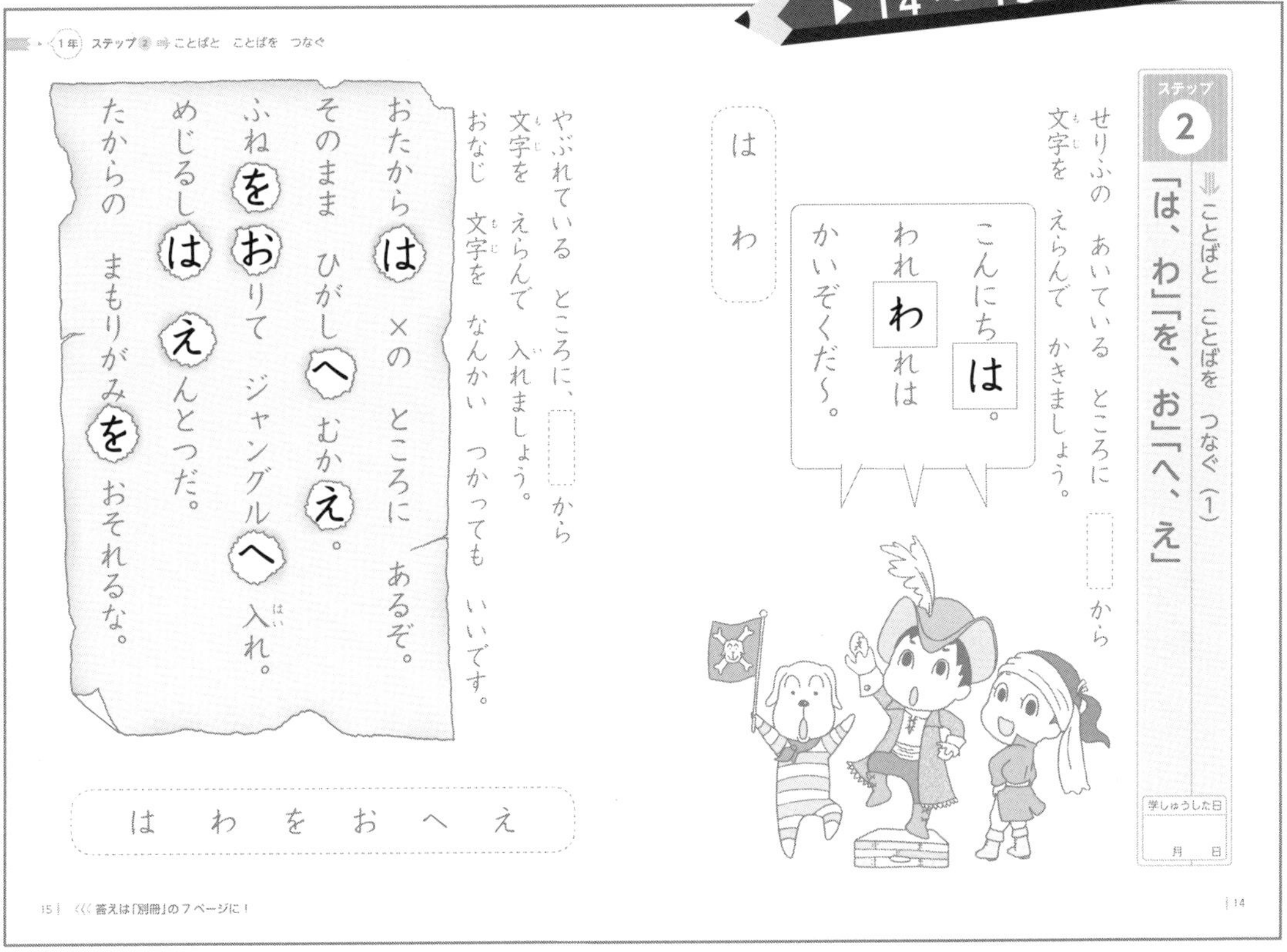
ステップ 2

ことばと ことばを つなぐ（1）

「は、わ」「を、お」「へ、え」

せりふの あいている ところに [ ] から 文字《もじ》を えらんで かきましょう。

は わ

学しゅうした日 月 日

14

1年 ステップ2 ことばと ことばを つなぐ

やぶれている ところに、[ ] から 文字《もじ》を えらんで 入れましょう。おなじ 文字《もじ》を なんかい つかっても いいです。

おたからは ×の ところに あるぞ。
そのまま ひがしへ むかえ。
ふねを おりて ジャングルへ 入《はい》れ。
めじるしは えんとつだ。
たからの まもりがみを おそれるな。

は わ を お へ え

15 ＜＜＜ 答えは「別冊」の7ページに！

くわしい考え方

　日本語では、現代文でも古文でも、文章に使われる単語全体の三割前後が助動詞と助詞です。それぞれ四十語前後しかない助動詞・助詞が文章全体の三割も使われているということは、これらの使い方を身につけることが日本語を使いこなす秘訣だということです。

　しかも、将来古文を学習するとき、助動詞・助詞が大きな鍵となりますから、今のうちにしっかりと学習しておきましょう。古文では、助動詞・助詞は現代語と異なりますが、それぞれ四十語前後の助動詞・助詞を学習すれば、全体の三割前後の言葉が分かるということになるのです。

「は」と「わ」　主語のときは「は」です。
「を」と「お」　目的語のときは「を」です。
「へ」と「え」　「どこどこへ」と方向を示すときは「へ」です。

▶16～17ページの答え

ステップ 2 ことばと ことばを つなぐ（2）

～は、～が

1 まちがっている 文《ぶん》は どれかな？
□に ×を かきましょう。

リサは わらった。 □

リサの わらった。 ×

リサに わらった。 ×

2 まちがっている 文《ぶん》は どれかな？
□に ×を かきましょう。

カズマが ないた。 □

カズマを ないた。 ×

カズマへ ないた。 ×

学しゅうした日 月 日

くわしい考え方

■問題1

「わらった」が述語で、それに対する主語は「リサ」。

主語の形は「～は」「～が」です。

「リサ」は主語なので、「リサは」となります。

■問題2

「ないた」が述語で、それに対する主語は「カズマ」。

ここでの主語の形は「～が」なので、「カズマが ないた。」が答えです。

「カズマを」の「を」は目的語。

「カズマへ」の「へ」は、方向などを示すとき。

前の問題をよく復習してください。

18～19ページの答え

ステップ 2 ことばと ことばを つなぐ (3)

～を

1 文《ぶん》に あてはまる 文字《もじ》を □から えらんで かきましょう。

① 本《ほん》 **を** よんだ。

② ジュース **を** のんだ。

が	を	と	に

学しゅうした日　月　日

2 カズマくんと リサちゃんは なにを していますか？ □から えらんで かきましょう。

① カズマは **学校を** 出《で》た。

② どうろの **右がわを** あるいた。

学校《がっこう》を	学校《がっこう》の	右《みぎ》がわは	右《みぎ》がわを

くわしい考え方

次は目的語の練習です。

たとえば、「私は書く。」は主語と述語でできている文ですが、これでは何を書くのか分からないので、不完全な文です。そこで、「文を書く」となるのですが、この「～を」に当たる言葉が目的語です。

「よんだ」「のんだ」など動作の対象を示す助詞が「を」です。

■問題1

「よんだ」のは「本」で、助詞の「を」。

「のんだ」のは「ジュース」で、助詞の「を」。

■問題2

どちらも「を」を使います。

「出た」のは「学校を」。

「あるいた」のは、「右がわを」。

▶ 20〜21ページの答え

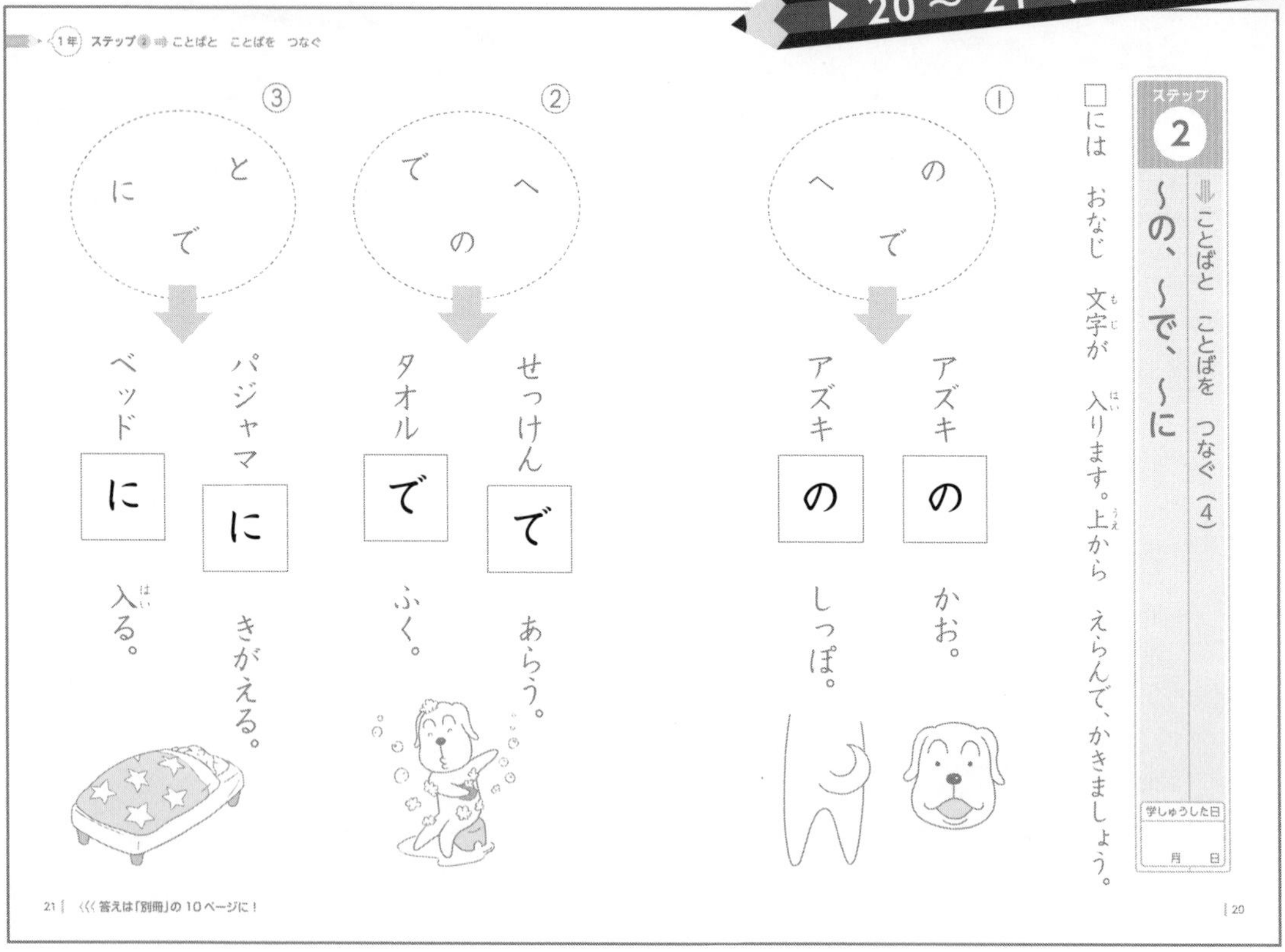

ステップ 2 ⇒ ことばと ことばを つなぐ（4）

〜の、〜で、〜に

□には おなじ 文字《もじ》が 入《はい》ります。上《うえ》から えらんで、かきましょう。

学しゅうした日 月 日

①
の で へ

アズキ **の** かお。

アズキ **の** しっぽ。

②
へ で の

せっけん **で** あらう。

タオル **で** ふく。

③
と て に

パジャマ **に** きがえる。

ベッド **に** 入《はい》る。

くわしい考え方

これから様々な助詞を学習しますが、文法的な説明は小学校低学年では難しいものです。ただし、普段から使っている言葉ですから、その使い方を意識させるだけで充分です。

①連体修飾の「の」の練習です。
どちらも下の名詞「顔」「しっぽ」に続く言葉なので「の」が答え。
「兄の本」、「私の車」というように、下の名詞を修飾するときに「の」を使います。

②手段の「で」です。
何で「あらう」のかというと「せっけんで」、なんでふくのかというと「タオルで」です。
「鉛筆で書く」「手で頭をかく」など、「で」の使い方の例を、子どもにいくつか考えさせてみてください。「で」は場所を表すこともあります。↓「レストランで食事をする」

③「に」の用法です。
何に着替えるのかというと「パジャマに」。どこに入るのかというと「ベッドに」。
「に」には様々な使い方があります。
「五時に帰る」↓時間を指定
「学校に行く」↓場所を指定
「君に見せよう」↓目標、対象などを指定

▶22～23ページの答え

ステップ 2

ことばと ことばを つなぐ (5)

~ので、~のに

学しゅうした日 月 日

1 2つの 文《ぶん》が 正《ただ》しく つながるように、□から えらんで □に ことばを 入《い》れましょう。

いっしょうけんめいに はしった **ので** 一《いち》ばんに なったよ。

が ので のに

2 えに あう 文《ぶん》の □に ○を かきましょう。

□ みんなで 力《ちから》を あわせたので まけちゃった。

○ みんなで 力《ちから》を あわせたのに まけちゃった。

くわしい考え方

接続助詞の学習です。
助詞の中には文と文、語句をつなげる役割の助詞があります。
それを接続助詞といいます。

■問題1
「はしった」と「一ばんに　なったよ」とをつなぐ言葉です。
「が」「のに」は逆接。「ので」は理由。
ここでは理由の「ので」が答え。

■問題2
「あわせたので」の「ので」が理由。
「あわせたのに」の「のに」が逆接。
ここでは、逆接が答え。

▶24～25ページの答え

1年 ステップ3 ことばの つながり

ステップ 3 ことばの つながり（1）

どんな ようす？

えを せつめいしている ことばは どれかな？

左《ひだり》の □ から えらんで かきましょう。

学しゅうした日 月 日

① あたらしい くつ。

ふるい あたらしい

② ながい しっぽ。

③ かしこい 犬 。

みじかい ながい カズマ 犬《いぬ》

24

25 ＜＜＜ 答えは「別冊」の12ページに！

くわしい考え方

一つの文には、要点となる言葉とその説明の言葉があります。それを意識することで、文章の扱い方が変わってきます。

要点となる言葉が主語と述語、そして目的語です。「基礎編」では、主に要点となる言葉を学習してきました。

さらに一つの文が肯定なのか否定なのか、疑問文なのかなど、それらを決定するのが助動詞・助詞でした。

ステップ3は説明の言葉の学習です。

まずはこの言葉がどの言葉を説明しているのかを意識しましょう。

①「くつ」がどんな靴なのか、それを説明する言葉が、「ふるい」「あたらしい」です。
絵から「あたらしい」が答え。

②「しっぽ」を説明する言葉が、「みじかい」「ながい」で、絵から「ながい」が答え。

③「かしこい」が今度は逆に何を説明しているのか。
絵から、「犬」が答え。

「みじかい」「ながい」などが説明する言葉で、「カズマ」「犬」などが説明される言葉、つまり要点となる言葉であることに注意しましょう。

1年 ステップ3 ことばの つながり

ステップ 3

ことばの つながり（2）

つながる ことばは どれ？

学しゅうした日 月 日

上《うえ》の ことばに あうのは、下《した》の どの ことばかな。
○で かこみましょう。

26

27 答えは「別冊」の13ページに！

くわしい考え方

言葉は必ず他の言葉とつながっています。主語と述語、述語と目的語、説明する言葉と説明される言葉がつながっているのです。

①「ふえを」と「ゆかを」は、「ふえをふく」「ゆかをふく」と、「ふく」につながります。しかし、「ふえをすう」「ゆかをすう」とはつながりません。このように「言葉のつながり」は、意味上のつながりです。どの言葉がどの言葉と意味の上でつながるのかを考えましょう。

②つながらない言葉を考えましょう。「しんちょうがきた」「えんそくがきた」「えんそくがちぢんだ」とはいいません。

▶28～29ページの答え

ステップ 3 ことばの つながり (3)

文《ぶん》を つくろう (1)

学しゅうした日 月 日

上《うえ》の 2つの ことばを つかって 下《した》の 文《ぶん》を かんせいさせましょう。

① みつけた ぼく

ぼく は みつけた。

② おやつ ある

おやつ が ある。

③ アズキ たべた

アズキ が たべた。

29 答えは「別冊」の14ページに！

くわしい考え方

「言葉のつながり」がわかれば、簡単な文を作ることができます。

①「みつけたは ぼく」とはいいません。なぜなら「○○は」は主語で、「みつけた」は主語にはならない言葉だからです。
このように言葉には、主語になる言葉（体言）、述語になる言葉（用言）、主語にも述語にもならない言葉があります。

②主語が「おやつが」、述語が「ある」です。

③主語が「アズキが」、述語が「たべた」です。

30～31ページの答え

ステップ3

ことばの　つながり（4）

文《ぶん》を　つくろう（2）

学しゅうした日　月　日

ある日《ひ》の　えにっきです。

右《みぎ》の　えに　あわせて、□から　ことばを　えらんで　□に　入《い》れて、にっきを　かんせいさせましょう。

① ぼくは　じてん車《しゃ》に　**のっている**。

② **リサ**　は　花《はな》を　**うえている**。

③ **アズキ**　は　**おべんとう**　を　**たべている**。

おべんとう　リサ　ぼく　アズキ
たべている　うえている　のっている

30

31　答えは「別冊」の15ページに！

くわしい考え方

二語の場合は主語と述語で文を作ることが多いのですが、三語の場合は、目的語か説明の言葉がつきます。

まず選択肢を整理しましょう。

主語になることができる言葉　おべんとう　リサ　ぼく　アズキ

述語になることができる言葉　たべている　うえている　のっている

もちろん、主語になることができる言葉は、目的語になることもできます。

述語になることができる言葉は、説明する言葉にもなります。

①「ぼくは」が主語で、「じてん車に」につながる述語は「のっている」。

②述語から考えましょう。「花を」につながる述語は「うえている」。それに対する主語は、絵から「リサは」。

③主語は「アズキは」で、述語は「たべている」。何を食べているのかといったら、「おべんとう」。

ステップ3 ことばの つながり (5)

文《ぶん》を つくろう (3)

学しゅうした日　月　日

［　］の ことばを （　）に かいて、文《ぶん》を かんせいさせましょう。

1 （ほし）は、くらくなると
（どんどん）（あらわれます）。

［あらわれます　どんどん　ほし］

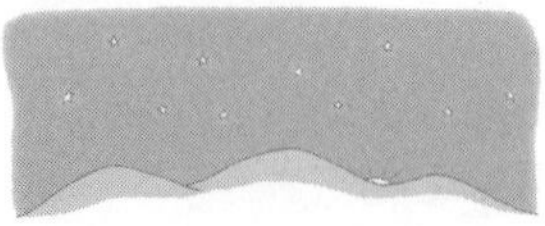

2 （ぼくたち）は
（ほし）を 見《み》るのが
（とても）（すきです）。

［とても　ほし　ぼくたち　すきです］

くわしい考え方

さて、どんどん長い文になります。

三語以上の文というのは、主語と述語だけでなく、説明する言葉がついてきますので、「言葉のつながり」を考えましょう。

■問題1

「くらくなる」の主語は、「ほしは」。

句点（。）の前は述語が来るので、「あらわれます」。

「どんどん」→「あらわれます」と、言葉がつながります。

■問題2

句点の前の述語から考えましょう。

選択肢の中で、述語になる言葉は「すきです」。

次に、「すきです」に対する主語を考えると、「ぼくたち」となります。ここで、「ぼくたちは　すきです。」となります。

まだ文としては何かがたりません。つまり、これだけでは何が好きなのかわかりません。

そこで、「ほしを　見るのが」→「すきです」となります。さらに、「とても」は「すきです」を説明する言葉なので、「とても」→「すきです」となります。

大切なのは、答えではなく、子どもが規則にしたがって日本語を扱えるか、そのときの頭の使い方なのです。

34 ～ 35 ページの答え

ステップ 4

なにが？

文《ぶん》の なりたち（1）

学しゅうした日　月　日

つぎの えを 見《み》て、左《ひだり》の ページの もんだいに こたえましょう。

ぬけている ところに ことばを かいて 文《ぶん》を かんせいさせましょう。ぬけている ことばは 下《した》の ［　］から えらびましょう。

せんしゅう うけた

（**テストが**）かえってきた。

（**てんすうが**）よかった。

（**おかあさんが**）よろこんだ。

おかあさんが
テストが
てんすうが

くわしい考え方

ステップ4は、今まで学習した「主語」「述語」「説明の言葉」の復習です。習熟するためには、あることを学習したなら、次にそれを一段高い地点において繰り返すことが必要なのです。この一段高い地点においてというのが、退屈せずに学習させるコツなのです。

こうやって、学力はらせんを描くように上昇していくのですが、これを「論理エンジン」ではスパイラル方式と呼んでいます。

主語と述語の関係では、必ず述語から先に考えましょう。

それぞれの述語に対する主語を考えます。

「かえってきた」のは「テストが」。

「よかった」のは、「てんすうが」。

「よろこんだ」のは、「おかあさんが」。

このように主語は「だれが」「何が」に当たる言葉です。

36 ～ 37ページの答え

ステップ 4 文《ぶん》の なりたち (2)

どうした？

つぎの えを 見《み》て、左《ひだり》の ページの もんだいに こたえましょう。

学しゅうした日 月 日

ぬけている ところに ことばを かいて 文《ぶん》を かんせいさせましょう。ぬけている ことばは 下《した》の □ から えらびましょう。

サッカーの しあい中《ちゅう》、

ボールが （**とんできた**）。

シュートが （**きまった**）。

みんなが （**よろこんだ**）。

きまった
よろこんだ
とんできた

くわしい考え方

次は、主語に対する述語を答える問題です。

「ボールが」の述語は「とんできた」。

「ボールがきまった」という言い方もないわけではありませんが、「ボールがとんできた」から、次に「シュートがきまった」わけで、この順番が論理的に考える上で大切です。

「シュートが」の述語は「きまった」。

「みんなが」の述語は「よろこんだ」。

このように主語と述語は意味の上でつながっていることに注意しましょう。

▶38 ～ 39ページの答え

ステップ 4 文《ぶん》の なりたち (3)

どこで だれが どうした？

学しゅうした日 月 日

つぎの 文《ぶん》を よんで こたえましょう。

1 バスが きて、おばあちゃんが おりた。

①きたのは なに？

バス

②おばあちゃんが どうした？

おりた

2 タクシーが しんごうの まえで とまった。おとうさんが おりてきた。

①とまったのは どこ？

しんごうの まえ

②おりてきたのは だれ？

おとうさん

くわしい考え方

■問題1

①「なに」に当たるのが主語です。「バスが」が主語。

②「どうした」に当たるのが述語です。「きて」も述語ですが「おばあちゃんが」に対する述語は「おりた」。

■問題2

①どこに「とまった」のかを説明する言葉は「しんごうのまえで」。

②「おりてきた」に対する主語は「おとうさんが」。

40～41ページの答え

ステップ4　文《ぶん》の　なりたち（4）

どんな？

カズマくんが　かいた　えを　せつめいしましょう。

ふじ山《さん》は　たかい　山《やま》です。
ぼくらは　ゆっくり　のぼりました。
ちょうじょうは
すばらしい　けしきでした。

学しゅうした日　月　日

①ふじ山《さん》は　どんな　山《やま》ですか？
たかい　山《やま》。

②どんなふうに　のぼったのですか？
ゆっくり　のぼった。

③どのような　けしきでしたか？
すばらしい　けしき。

くわしい考え方

①「たかい」が、「山」を説明する言葉であることを理解します。
②「ゆっくり」は、「のぼった」を説明する言葉です。
③「すばらしい」は、「けしき」を説明する言葉です。
このように言葉には説明する言葉と、説明される言葉とがあります。

▶ 42 ～ 43 ページの答え

ステップ 4

文《ぶん》の なりたち (5)

プールに いったよ

学しゅうした日　月　日

きのう リサと プールへ
いきました。
ぼくらは クロールを
おしえてもらいました。

文《ぶん》に あうように、つぎの 3つの しつもんに こたえましょう。

①リサと どこへ いきましたか？

プール

②いつ いきましたか？

きのう

③おしえてもらったのは なんですか？

クロール

くわしい考え方

「きのう リサと プールへ いきました」

主語は「ぼく」で、省略されています。このように主語は省略されることが多いのです。

述語は「いきました」。

「きのう」→「いきました」、「リサと」→「いきました」、「プールへ」→「いきました」と、それぞれ「いきました」を飾っています。

①「どこへ」いったのかは、「プール」です。

②「いつ」は、「きのう」です。

「ぼくらは クロールを おしえて もらいました」

主語は、「ぼくらは」で、述語は「おしえてもらいました」。

③何を教えてもらったのかというと「クロール」です。
ここでは「クロールを」→「おしえてもらいました」とつながっています。このつながりは、目的語→述語の関係です。

▶44～45ページの答え

1年 ステップ5 文を つくろう

ステップ 5

文《ぶん》を つくろう（1）

ことばを ならべかえて 文《ぶん》を つくろう

学しゅうした日 月 日

1 えに あう 文《ぶん》に なるように □に ばんごうを かきましょう。

4 パンケーキです

1 きょうの

3 だいすきな

2 おやつは

2 えに あう 文《ぶん》に なるように □に ばんごうを かきましょう。

1 ねぼうした

2 カズマは

3 あわてて

4 おきました

44

45 答えは「別冊」の22ページに！

くわしい考え方

いよいよ一文を作成するトレーニングです。

正確な一文を作成するには、これまでの「主語と述語」、「言葉のつながり」などがわかっていなければいけません。

ここでも一段高い地点で復習するスパイラル方式です。

■問題1

「おやつは」→「パンケーキです」が、主語と述語。

「きょうの」→「おやつは」、「だいすきな」→「パンケーキです」と、言葉がつながります。

■問題2

「カズマは」→「おきました」が、主語と述語。

「ねぼうした」→「カズマは」、「あわてて」→「おきました」と、言葉がつながります。

「カズマは」→「ねぼうした」でもつながりますが、そうすると述語が「ねぼうした」「おきました」と二つになり、一文を作ることができなくなります。

46～47ページの答え

ステップ5 ⇒文《ぶん》を つくろう（2）

えを せつめいする 文《ぶん》を つくろう

学しゅうした日　月　日

左《ひだり》の ページの ①から ③が つぎの えに あう 文《ぶん》に なるように、あてはまる ことばを □ から えらんで かきましょう。

① カズマは **うみへ** やって きました。
うみへ　やまへ　かわへ　レストランへ

② とおくに 大《おお》きな ふねが **見えます**。
およいでいます　見《み》えます　きこえます

③ すなはまを あるいて いると、２ひきの かにが **ささっと** とおりすぎました。
ささっと　ぽろっと　ひょいと　すとんと

くわしい考え方

会話ならば、必ずしも正確な日本語でなくても、充分に相手には伝わります。しかし、文章は文法的に間違っていた場合、通用しません。しかも、あらゆるテスト・試験は、文章を書かなければなりません。そこで、正確な文章を書く力、「記述力」が重要になってきます。英語を日本語に訳すときでも、正確な日本語が書けなければ点数がとれません。そのために、小学校低学年から日本語の規則にしたがった文章を書くトレーニングが必要となってきます。

まず正確な一文を書くことから始めましょう。

①「やってきました」とつながる言葉は、絵から「うみへ」だとわかります。

②「ふねが」が主語で、それに対する述語は「見えます」。

③「とおりすぎました」を説明する言葉を選びます。絵から「ささっと」だと分かります。「ささっと」「ぽろっと」などは擬態語といい、動作などを表現します。各選択肢について、どんな動作に使うかを考えさせてみてください。

▶ 48 ～ 49ページの答え

1年 ステップ5 文を つくろう

ステップ 5 文《ぶん》を つくろう (3)
なにを するの?

学しゅうした日 月 日

1 えに あう ように 2つの ことばを かきましょう。

①

② きょうは こうえん で なわとび をした。

2 えに あう ように 3つの ことばを かきましょう。

①

② あしたは パパ と えいが に いく よ。

49 くくく 答えは「別冊」の 24 ページに! 48

くわしい考え方

どの順番で考えるかが大切です。子どもがどこから文を作り始めるかに注目してください。

基本的には述語からさがし、それに対する主語を考えます。

■問題1

「なにをしたの?」と聞かれているので、述語の「なわとびをした」を先に決めます。次に「で」とあるので、「こうえんで」を決めます。

「こうえんでなわとびをした」と、「言葉のつながり」を考えて、文を作成します。

■問題2

「なにをするの?」と聞かれているので、「えいが」の絵があるところから述語の「いくよ」、あるいは「みるよ」が考えられます。

次に、「何を」に当たる言葉を補わなければなりません。

そこで「えいがに」(もしくは「えいがかんに」)→「いく」、「えいがを」→「みる」とがありますが、ここは「に」とあるので「いく」になります。

あと一つは、絵から「パパと」→「いく」とつなげます。

▶ 50 ～ 51ページの答え

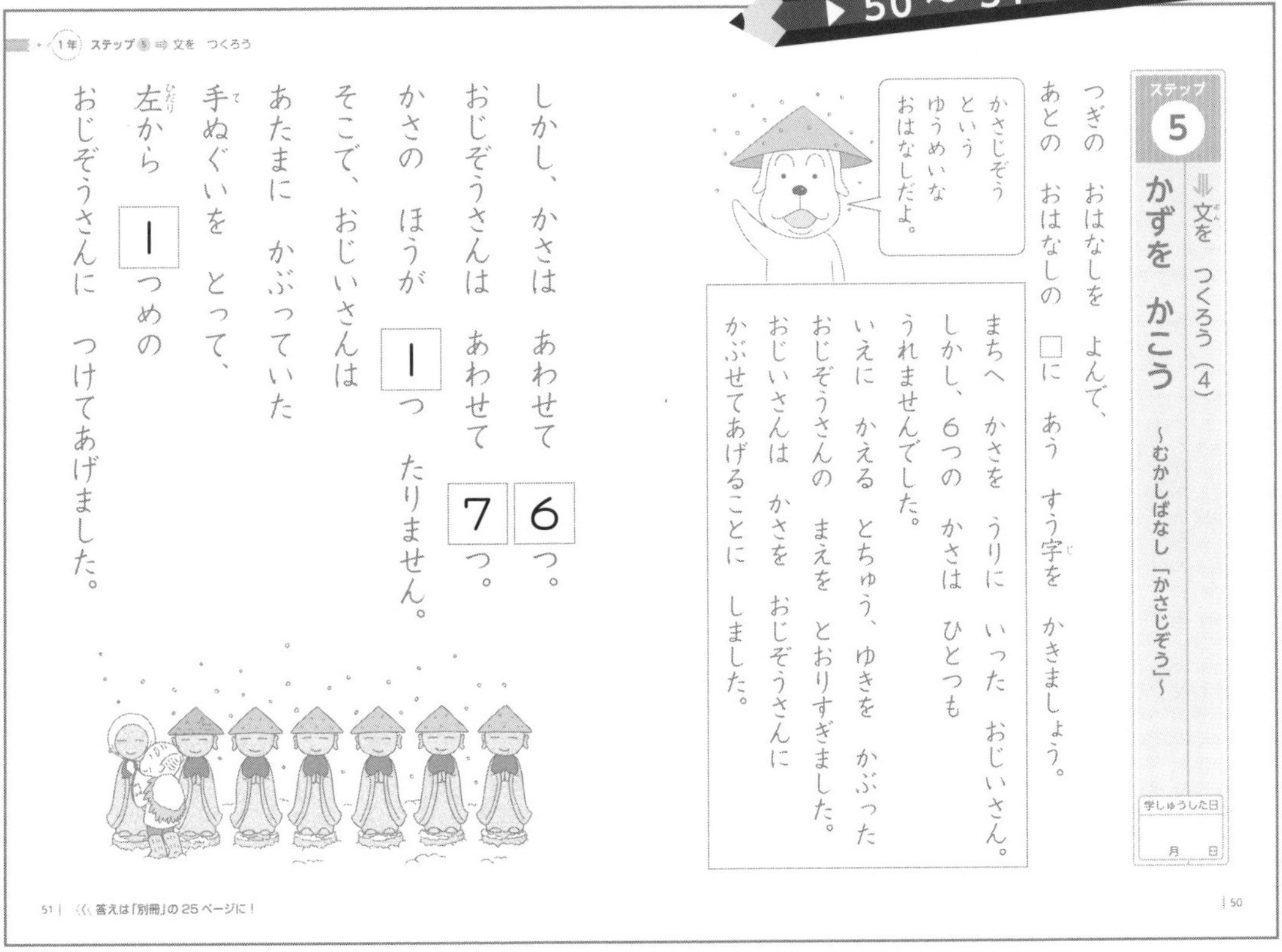

1年 ステップ5 文を つくろう

ステップ 5

かずを かこう

文《ぶん》を つくろう（4）

～むかしばなし「かさじぞう」～

学しゅうした日　月　日

つぎの　おはなしを　よんで、あとの　おはなしの　□に　あう　すう字《じ》を　かきましょう。

かさじぞう という ゆうめいな おはなしだよ。

まちへ　かさを　うりに　いった　おじいさん。
しかし、６つの　かさは　ひとつも　うれませんでした。
いえに　かえる　とちゅう、ゆきを　かぶった　おじぞうさんの　まえを　とおりすぎました。
おじいさんは　かさを　おじぞうさんに　かぶせてあげることに　しました。

しかし、かさは　あわせて　6 つ。
おじぞうさんは　あわせて　7 つ。
かさの　ほうが　1 つ　たりません。
そこで、おじいさんは
あたまに　かぶっていた
手《て》ぬぐいを　とって、
左《ひだり》から　1 つめの
おじぞうさんに　つけてあげました。

50

51　答えは「別冊」の25ページに！

くわしい考え方

算数の問題です。小学校レベルの算数は、基本的に国語力で決まります。日本語で論理的に考える力をつけていきましょう。

「6つの　かさは」とあるので、かさはあわせて6つ。

おじいさんは自分がかぶっていた手ぬぐいをひとつのおじぞうさんにつけてあげたことから、かさの数に対しておじぞうさんの方がひとつ多いと分かります。

そこで、おじぞうさんの数は7つ。

かさがひとつたりません。

絵から、おじいさんはいちばん左のおじぞうさんに自分の手ぬぐいをかぶせたのだとわかります。

▶ 52 〜 53 ページの答え

ステップ 5
文を つくろう (5)
さんすうの しきを かこう
〜むかしばなし「ももたろう」〜

おはなしを よんで 左の ページの □に あう すう字を かきましょう。

ももたろうが 10この きびだんごを もって、おにたいじに 出かけました。

そこへ 犬が やってきて、ももたろうから きびだんごを 2つ もらいました。

さるが やってきて、ももたろうから きびだんごを 3つ もらいました。

きじが やってきて、ももたろうから きびだんごを 1つ もらいました。

学しゅうした日　月　日

・1年　ステップ⑧ ⇨文を つくろう

① 犬に きびだんごを あげた ももたろう。
きびだんごは いくつ のこっていますか？

しき　10 - 2 = 8

こたえ　8 こ

② さらに、さるに きびだんごを あげて、
きびだんごは いくつに なったでしょう？

しき　8 - 3 = 5

こたえ　5 こ

③ ももたろうが 犬、さる、きじに あげた
きびだんごは あわせて いくつですか？

しき　2 + 3 + 1 = 6

こたえ　6 こ

53 | くく 答えは「別冊」の 26 ページに！　　　| 52

くわしい考え方

算数の問題は、国語の言葉を論理的に理解したら、それを算数の言葉に置き換えることができるかどうかです。

文章題ではそこまでがもっとも難しく、後は単純な計算をするだけです。

文章題ができないのは、算数ができないのではなく、論理的な日本語の使い方ができていないだけなのです。

① 最初にきびだんごを10個持っていました。
犬に2個だんごをあげたのだから、
10－2＝8
今、だんごは8個残っています。

② 8個のだんごは、さるに3個あげたので、残ったのは、
8－3＝5
で、5個です。

③ 犬に2個、さるに3個、きじに1個なので、合わせて、
2＋3＋1＝6
桃太郎があげたきびだんごは、合わせて6個です。

▶54～55ページの答え

ステップ6 ⇒文《ぶん》しょうを かこう（1）

どうぶつの せつめい

学しゅうした日　月　日

□に あう すう字《じ》を ⌒ から えらんで かいて、えの せつめい文《ぶん》を かんせいさせましょう。

1

④ ② 上《うえ》で じっと していて、
しっぽが ① どうぶつ。
③ おんぶしている。

①見《み》えない ②木《き》の ③赤《あか》ちゃんを ④たかい

2

② にているけれど、
うまじゃ ④ 。
からだに ① ⑤ ある。
③ いっしょに
こうどうするよ。

①しましまの ②うまに ③なかまと ④ない ⑤もようが

 答えは「別冊」の27ページに！

くわしい考え方

ステップ6では、一文に限らず、徐々に長い文章を扱っていきます。

■問題1

「上で」につながる言葉を考えます。

「たかい」→「木の」→「上で」とつながります。

次に、「しっぽが」と「どうぶつ」の両方の言葉とつながるものを選ぶと、「しっぽが」→「見えない」→「どうぶつ」となります。

最後は、何を「おんぶしている」のかというと、「赤ちゃんを」です。

■問題2

ここでも「言葉のつながり」を考えます。

最初に述語を考えると、「うまじゃ」→「ない」。

次に、「うまじゃない」から、「うまに」→「にているけれど」→「うまじゃ」→「ない」とつながることが分かります。

「からだに」何があるのかというと、「しましまの」→「もようが」となります。

もちろん、シマウマのことです。

最後に「こうどうするよ」とつながる言葉を考えると、「なかまと」。

「なかまと」→「こうどうするよ」、「いっしょに」→「こうどうするよ」とつながります。

▶ 56 ~ 57ページの答え

ステップ 6 ⇒ 文《ぶん》しょうを かこう (2)

おかあさんが じてん車《しゃ》に のる (1)

学しゅうした日　月　日

①②③に 入《はい》る 文《ぶん》を （　）から えらんで □に ○を つけましょう。

おかあさんは じてん車《しゃ》に のれません。だから、おとうさんと ぼくで、

①

「さいしょは おしてみたら。」と おとうさんが いうと、

おかあさんは ペダルに 足《あし》を のせて、

けんけんしながら じてん車《しゃ》を おしました。

①
- □ じてん車《しゃ》に のることに しました。
- ○ おかあさんが じてん車《しゃ》に のるのを 手《て》つだうことに しました。
- □ おかあさんが じてん車《しゃ》に のろうと しました。

つぎに、おとうさんが 「のってみたら？」と いうので

②

おかあさんは 「こわい、こわい。」と いいながらも、

じてん車《しゃ》に またがりました。

おとうさんの 「カズマ、おもいっきり おせ。」の

こえで、ぼくは、力《ちから》いっぱい にだいを おしました。

「おかあさん もっと、もっと こげ！」と

おとうさんが いうと、

③

②
- □ ぼくが、にだいに のりました。
- ○ ぼくは、にだいを おさえました。
- □ おかあさんは、にだいを おさえました。

③
- ○ じてん車《しゃ》が うごきました。
- □ じてん車《しゃ》が とまりました。
- □ おかあさんが うごきました。

くわしい考え方

今度は一文の作成ではなく、まとまった文章の読解問題です。

①空所前後の言葉のつながりを考えます。直前の「おとうさんと　ぼくで、」から、「おかあさんが　じてん車に　のろうとしました。」はつながりません。直後の内容から、おとうさんとぼくでお母さんが自転車に乗るのを手伝っていることが分かります。

②直前の「おとうさんが『のってみたら？』と　いうので」と「おかあさんは、にだいを　おさえました」がつながりません。空所の後で「ぼくは、力いっぱい　にだいを　おしました」とあるので、「ぼくは、にだいを　おさえました。」が答え。

③直前の「もっと、もっと　こげ！」というおとうさんの言葉から、「じてん車が　うごきました。」が答え。

58 ～ 59 ページの答え

ステップ 6

⇓文《ぶん》しょうを　かこう（3）

おかあさんが　じてん車《しゃ》に　のる（2）

学しゅうした日　月　日

つぎの　文《ぶん》を　こえを　出《だ》して　よみましょう。

「おかあさんが　じてん車《しゃ》に　のれた。」
ぼくが　うれしくて　ジャンプを　したとき、
「バッターン！」　大《おお》きな　音《おと》がして
おかあさんと　じてん車《しゃ》が
たおれてしまいました。

つづきの　文《ぶん》の　じゅんばんに　なるように　えに
ばんごうを　かきましょう。あわない　えも　あるよ。

ぼくと　おとうさんは　たおれた
おかあさんに　かけよりました。
おかあさんは　いたそうな
かおを　していました。
しかし、「だいじょうぶ。」と
いって、わらいました。

くわしい考え方

ものごとを筋道立てて考えるトレーニングです。

まずお母さんと自転車が倒れてしまったところから、続きの話です。

「ぼくと　おとうさんは　たおれた　おかあさんに　かけよりました。」から、右下の絵。

「おかあさんは　いたそうな　かおを　していました。」から、左下。

「わらいました」から、右上。

左上の絵は、ぼくが倒れてしまった絵だから、該当しません。

▶ 60 ～ 61 ページの答え

ステップ 6

おかあさんが じてん車《しゃ》に のる (3)

文《ぶん》しょうを かこう (4)

学しゅうした日　月　日

文《ぶん》を よんで つぎの しつもんに こたえましょう。

おかあさんは じてん車《しゃ》に のる れんしゅうで
ひざを すりむいてしまいました。
でも、おかあさんは また じてん車《しゃ》に のって
れんしゅうを はじめました。
その すがたを 見《み》て、
おとうさんと ぼくは 大《おお》ごえで おうえんしました。

①じてん車《しゃ》の れんしゅうを しているのは だれかな?
（おかあさん）

②おかあさんは どこを すりむいたかな?（ひざ）

③おかあさんは じてん車《しゃ》の れんしゅうを あきらめましたか?
（あきらめませんでした）

④おとうさんと カズマは どうしたかな?
（（大ごえで）おうえんしました）

⑤きみが カズマだったら おかあさんに どんな こえを かけますか?
（れい：おかあさん、がんばって。）

くわしい考え方

国語は自分の考えを答えるのではなく、本文を正確に理解したかどうかを試すものなので、すべての答えは本文中にあります。

そこで、正確に本文を読み取ることが必要になってきます。

小学生のうちから、自分の主観ではなく、客観的に正確にテキストを読み取る習慣をつけていきましょう。

①②「おかあさんは、じてん車に のる れんしゅうで」とあることから「おかあさん」。「ひざを すりむいてしまいました。」から「ひざ」。

③「おかあさんは また じてん車に のって れんしゅうを はじめました」から「あきらめませんでした」。

④「大ごえで おうえんしました。」とあるので「おうえんしました」。

⑤基本的には自由に答えていいのですが、自転車乗りの練習をしているお母さんに対しての呼びかけでなければなりません。「がんばって。」「気をつけて。」などが答えです。

▶ 62 ～ 63 ページの答え

ステップ 6
⇓文《ぶん》しょうを　かこう（5）

お花見《はなみ》に　いったよ

学しゅうした日　月　日

カズマくん、リサちゃん、アズキは　なにを　していますか？　えを　見《み》ながら　あう　ことばに　○を　つけましょう。

カズマと　リサと　アズキで、お花見《はなみ》〔**を**／の〕しました。

〔**大《おお》きな**／たかい〕おにぎりを　たべたのは　〔カズマ／**アズキ**〕でした。

〔**木《き》の下《した》で**／木《き》の上《うえ》で〕ネコと　おどったのは　リサでした。

そして、マイクを　〔のせて／**もって**〕うたっていたのは　〔**カズマ**／アズキ〕でした。

みんなは、〔ときどき／**とても**〕〔たのしみにしています。／**たのしそうでした。**〕

くわしい考え方

総合練習です。


助詞の問題。「しました」の目的語は、「お花見を」です。

「おにぎり」につながる言葉は「大きな」。

おにぎりを食べたのは、絵から「アズキ」。

リサとネコは「木の下で」踊っています。


マイクは「もつ」ものです。

歌っていたのは、絵から「カズマ」。

述語から先に考えます。すでに起きたことなので「たのしそうでした」。

「たのしみにしています」だと将来のことになります。

「たのしそうでした」とつながるのは「とても」。

出口汪の日本語論理トレーニング 小学一年 習熟編

おわりに

「基本編」では、学習した言葉の規則を使って、短い文章を正確に読み、一文を正確に書くことが目標でした。

その上で、自然と規則にしたがった正しい日本語が身につくようにと、様々なトレーニングを積んできました。

言葉は習熟しないと、論理力とはならないのです。

逆にいうと、小学校低学年のうちに「なんとなく」といった感覚的な言葉の使い方に慣れてしまったなら、それを修正することはとても難しいことなのです。

次第に高度な日本語を習得していくこの段階で、一体どのような言葉の使い方をするかがその子どもの人生を大きく左右すると言っても過言ではありません。

特に正確に文を書くということは、すべての教科にとって必要な力であるばかりでなく、将来にわたって必要不可欠な力です。

正確に文を書くためには、日本語の規則を知り、自然と規則にしたがった文が書けるように、それを習熟するまで高めていかなければなりません。

その上で、いよいよ最後の「応用編」。ここにいたって、今までの学習がいかに効果的だったかが明らかになるでしょう。